Tom Page

Inovação da Marca em FMCG

Tom Page

Inovação da Marca em FMCG

Bens de Consumo em Movimento Rápido

ScienciaScripts

Imprint

Cover image: www.ingimage.com

This book is a translation from the original published under ISBN 978-3-8443-1611-7.

Publisher:
Sciencia Scripts
is a trademark of
Dodo Books Indian Ocean Ltd. and OmniScriptum S.R.L publishing group

120 High Road, East Finchley, London, N2 9ED, United Kingdom
Str. Armeneasca 28/1, office 1, Chisinau MD-2012, Republic of Moldova, Europe
Printed at: see last page
ISBN: 978-620-2-90832-0

Inovação da Marca em FMCG

Página Tom

Gisli Thorsteinsson

Abstrato

Há muitos relatórios de investigação sobre embalagens e as suas directrizes de concepção e desenvolvimento bem concebidas para maximizar o interesse dos consumidores, mas as marcas premium e de massa com a sua divisão no mercado não é um assunto bem explorado.

Foi realizada uma revisão bibliográfica da investigação em curso, principalmente sobre técnicas e métodos de embalagem, em segundo lugar sobre o raciocínio psicológico por detrás das decisões dos utilizadores e consumidores. A investigação descobriu fortes ligações ao design de embalagens genéricas dentro de ambas as indústrias, sendo uma base para as marcas se apoiarem em decorações e acabamentos especiais para personalizar e ditar a que utilizadores o produto se destina.

95 consumidores de várias idades, profissão preencheram o questionário dos consumidores. 5 Os técnicos de embalagem responderam ao questionário dos especialistas. Ambos os questionários visavam percepções específicas sobre embalagens no mercado alimentar e cosmético e as técnicas utilizadas numa série de produtos de exemplo.

Os resultados mostraram que mais de 65% dos consumidores sentiam que a embalagem era particularmente influente na sua decisão de compra, com mais 60% a considerar as decorações um factor importante na escolha de um produto pela primeira vez.

Estas descobertas demonstram que os consumidores estão conscientes do acabamento e da técnica utilizada pelas marcas premium e de massa, bem como da necessidade de uma avaria individual ou investigação sobre quais as técnicas que tornam as embalagens bem sucedidas. Destaca também a necessidade de investigação empírica para investigar melhor a psicologia por detrás de marcas icónicas e embalagens de produtos.

Conteúdos

Agradecimentos

Estou grato pela ajuda que recebi de Richard Albarn, Remington Fitzgerald e de todos os consumidores que responderam ao meu questionário. Obrigado a todos os técnicos de embalagem que tiraram tempo da sua atarefada agenda para preencher o questionário do relatório, bem como ao Tom Page pela supervisão e orientação.

C hapter 1- Introdução

A definição de embalagem é a seguinte: "Embalagem é a ciência, arte e tecnologia de acondicionamento ou protecção de produtos para distribuição, armazenamento, venda e utilização. A embalagem também se refere ao processo de concepção, avaliação e produção de embalagens e a todos os processos de desenvolvimento e fabrico necessários para criar a embalagem. A embalagem pode ser descrita como um sistema coordenado de preparação de mercadorias para transporte, armazenagem, logística, venda e utilização final. A embalagem contém, protege, preserva, transporta, informa, e vende. Em muitos países está totalmente integrada no uso governamental, empresarial, industrial, e pessoal". Wikipédia (2010)

Esta investigação específica sobre as técnicas de embalagem Premium nunca foi submetida anteriormente. As técnicas são conhecidas tanto pelos técnicos de embalagem como pelos consumidores, mas parece que as comparações nunca foram divididas em características específicas e descobertas de marcas premium versus marcas de massa. É do conhecimento geral que existem dois mercados distintos; contudo, não é claro o que diferencia o mercado de massas do mercado de prémio, para além do custo de retalho.

Dentro deste relatório, os campos específicos de embalagem que serão focados serão os do mercado alimentar e cosmético. Estes são os dois mercados que dominam a utilização de embalagens dentro dos produtos devido ao seu enorme volume de consumo e fabrico.

O principal objectivo desta investigação é distinguir individualmente quais os factores que tornam a embalagem premium mais premium do que a dos produtos de massa, para o conseguir serão realizados vários questionários e inquéritos em linha a um leque diversificado de consumidores. Um questionário especialmente formulado será também divulgado aos técnicos de embalagem na equipa de Desenvolvimento de Novos Produtos (NPD) da Boots UK Headquarters.

Serão realizadas entrevistas semi-estruturadas para recolher informações sobre as restrições que os Designers de Embalagens têm de enfrentar durante o desenvolvimento que tipicamente dificultariam a concepção da embalagem e do produto. Por conseguinte, tornando-o menos premium e perdendo potencial.

A estrutura deste relatório explicará em primeiro lugar que tipos de embalagens e a história das embalagens existem e existiram. Em segundo lugar, será realizada uma revisão bibliográfica, seguida de restrições no desenvolvimento das embalagens. Isto será seguido de um questionário estruturado que será analisado e os resultados registados e relacionados com a literatura anterior. Tudo isto será então resumido e discutido com a conclusão, pondo fim a esta investigação.

Através desta investigação, serão abordadas as seguintes questões.

1. Quanta influência tem a embalagem na decisão do consumidor?
2. Que técnicas específicas são utilizadas pelos produtos de embalagem premium?
3. Quais das técnicas são mais eficazes para fazer o prémio de embalagem?
4. Como podem estas técnicas ser medidas empiricamente?
5. Quais são os factores restritivos que os fabricantes de embalagens premium têm de considerar?

6. Como são abordados estes factores restritivos?

1.1 - Tipos de embalagem

A embalagem pode ser vista como sendo de vários tipos diferentes. Por exemplo, uma embalagem de transporte ou de distribuição pode ser o contentor de transporte utilizado para enviar, armazenar e manusear o produto ou embalagens interiores. Alguns identificam uma embalagem de consumo como sendo dirigida a um consumidor ou a um agregado familiar, tais como a marca, o logótipo e a utilização de cores que se juntam para criar uma entidade global que atrai um consumidor. Exemplos destes são encontrados em espantosa forma 3D por Grip (2008), que explora 1.000 dos desenhos mais inovadores.

A embalagem também pode ser descrita em relação ao tipo de produto a ser embalado: embalagem de dispositivos médicos, embalagem de produtos químicos a granel, embalagem de medicamentos de venda livre, embalagem de alimentos a retalho, embalagem de material militar, embalagem de produtos farmacêuticos, etc. Cada área temática tem tendências e características únicas para maximizar os pontos de venda, ou exemplo, as embalagens farmacêuticas teriam como principal objectivo ter um logotipo de marca simples, mas também ingredientes claros e detalhados e nome do medicamento para garantir a sua adequação ao objectivo.

Calver (2007) distingue 3 categorias que são utilizadas por ordem de função e utilização para distinguir a utilização de Embalagens: Primária, Secundária e Terciária.

A embalagem primária é o material que primeiro envolve o produto e o detém. Esta é geralmente a menor unidade de distribuição ou utilização e é a embalagem que está em contacto directo com o conteúdo.

A embalagem secundária está fora da embalagem primária, talvez utilizada para agrupar as embalagens primárias.

A embalagem terciária é utilizada para manipulação a granel, armazenamento em armazém e expedição de transporte. A forma mais comum é uma unidade de carga paletizada que se embala firmemente em contentores.

Estas amplas categorias podem ser um pouco arbitrárias. Por exemplo, dependendo da utilização, um envoltório retráctil pode ser embalagem primária quando aplicado directamente no produto, embalagem secundária quando se combinam embalagens mais pequenas, e embalagem terciária em algumas embalagens de distribuição.

Especificamente para este relatório, as embalagens de cartão e os métodos de acabamento serão concentrados. Exemplos de técnicas de acabamento, eficácia e recolha de resultados acumulados garantirão que teorias e conhecimentos precisos possam ser fortificados em termos de provar que a embalagem tem um impacto no comportamento de compra do consumidor.

1.2 - História da Embalagem

A história da embalagem é discutida por Lanten (2009), que define a linha temporal dos processos de impressão e embalagem:

As primeiras formas de embalagem utilizavam os materiais naturais disponíveis na altura: cestos de canas, odres de vinho, caixas de madeira, vasos de cerâmica, cerâmica, barris de madeira, sacos tecidos, etc.

À medida que os processos e a utilização de materiais se tornaram mais adequados, os materiais processados foram sendo utilizados para formar embalagens à medida que eram desenvolvidos: Por exemplo, recipientes de vidro e bronze, principalmente para pequenos artigos pessoais e muitas vezes caros. O estudo de embalagens antigas é considerado como um aspecto importante da arqueologia.

O aço estanhado foi utilizado para fazer latas no início do século XIX. No entanto, devido ao peso dos metais, foram exploradas opções alternativas mais leves. Esta exploração resultou em caixas de cartão e caixas de cartão canelado a serem utilizadas primeiro por volta da década de 1920.

Os avanços na embalagem no início do século XX incluíram fechos de baquelite em garrafas, sobreposições transparentes de celofane e painéis em caixas de cartão, aumento da eficiência de processamento e melhoria da segurança alimentar. À medida que materiais adicionais como o alumínio e vários tipos de plástico foram desenvolvidos, foram incorporados em embalagens para melhorar o desempenho e a funcionalidade.

Foram também desenvolvidos processos de impressão nas embalagens e utilizados em todo o mundo para promover os produtos. Inicialmente foi utilizada a impressão em bloco de madeira, que pode ser rastreada até 200A.D e foi utilizada durante pouco menos de mil anos quando o tipo Móvel foi desenvolvido.

Em meados do século XIV, foi desenvolvido o método Imprensa de Impressão que mais tarde se transformou em Litografia, em 1796. Só em 1969 é que a impressão a laser foi considerada tecnologicamente apta para ser utilizada em embalagens dentro de um mercado de massas devido à dificuldade de secar a tinta com a rapidez suficiente.

C hapter 2- Revisão da Literatura

2.1 A embalagem e a influência na decisão de um consumidor.

A influência da embalagem sobre um consumidor que toma uma decisão chave tem sido um assunto amplamente reconhecido. As embalagens mais reconhecidas são as das indústrias cosmética e alimentar.

Roth (1981) sugere como a ciência da cor e a combinação de técnicas é importante para elogiar o produto e a embalagem, assegurando ao mesmo tempo que os valores correctos da marca são mantidos para manter a imagem corporativa. Roth sugere também que a embalagem deve conter uma vasta gama de características para que a embalagem seja bem sucedida no desenho num consumidor, declarando cada característica com uma lista individual de atributos, tais como estampagem, escolha de papel e acabamento.

Roth (1990) actualiza as suas sugestões em Packaging Design, onde desenvolve as suas influências anteriores de consumidor e se concentra unicamente nas técnicas de marketing que um designer deve incluir nos designs, a fim de tornar as embalagens bem sucedidas e atractivas. Tal como anteriormente, Roth recomenda seguir uma série de técnicas tais como Técnicas de Marketing, Procedimentos de Marketing, Transporte de Mensagens e Produtos Competitivos. Todas elas devem ser fundidas e compreendidas, na esperança de que o público alvo do mercado sejam os principais consumidores que são atraídos à primeira vista.

Young (2004) explora o fenómeno dos supermercados de ter corredores de latas, caixas e garrafas idênticas. No entanto, a concepção da embalagem implicava inevitavelmente uma mudança nos gráficos e não na forma e estrutura, sendo a força motriz das vendas dentro deste ambiente particular. A inovação do sucesso da embalagem é identificada através de uma série de observações sobre os consumidores dentro do ambiente de compras, olhando particularmente para as fases de interacção de identificação e para o utilizador que recolhe o produto e a embalagem em conjunto como uma entidade.

Vestbom (2009) sugere que a utilização da inovação em embalagens pode ser retratada de várias formas por um consumidor potencial. Sobre a auto-estrada da inovação que é o mercado moderno das embalagens, o que pensa o consumidor sobre as embalagens e como é que as marcas respondem a isto. Vestbom faz perguntas contrastantes que criticam o uso de embalagens e a sua eficácia na sua relevância para a marca; "pensam os clientes que a marca está a tentar ganhar a sua atenção porque as vendas estão em baixa?" e "como interpretam os clientes os produtos "heróis"?" são alguns exemplos de perguntas utilizadas para sondar o assunto da influência do cliente.

A embalagem é uma forma visual de comunicação ao consumidor; Klimchuk (2006) descreve a embalagem como um negócio criativo que liga a forma, estrutura, materiais, cor, imagens, tipografia e elementos de design auxiliares com informações sobre o produto para tornar um produto adequado para a comercialização. Ele sente que o design de embalagem serve para conter, proteger, transportar, distribuir, armazenar, identificar e distinguir um produto no mercado. Em última análise, o design de embalagem resolve os objectivos de marketing do produto através da comunicação distinta da personalidade ou função de um produto de consumo. Esta vasta lista de objectivos e características destaca a quantidade de estímulos diferentes que se juntam para criar uma entidade de embalagem funcional que atrairia um potencial utilizador com a sua presença na prateleira.

2.2 - Técnicas utilizadas por marcas de produtos de embalagem premium.

O guia da caixa e do cortador utilizado na embalagem é mostrado em detalhe pela Garrofe (2005) onde cada estudo de caso individual é dividido num guia de cortador plano antes de se ter uma imagem da caixa totalmente erguida e do acabamento. Cada estudo de caso é específico para produtos dentro do mercado premium, mostrando a vasta gama de técnicas, tais como a utilização de colas, direcção da fibra, reforços, serigrafia e verniz, para maximizar as características da embalagem dentro de um produto. A inovação de utilizar um guia de corte plano básico e de o transformar com dobras e colas para criar uma forma ou método único de conter um produto é um método intrincado e eficaz de desenhar nos consumidores através da curiosidade à primeira vista.

A competitividade e as vendas das marcas são analisadas e criticadas por Young (2006), fornecendo um olhar cínico sobre as marcas premium existentes e relacionando o desenvolvimento das marcas como lento, devido às limitações dos concorrentes. Ele concentra-se numa utilização genérica de substrato e numa mudança nos desenhos visuais para significar o desenvolvimento de um produto através de gerações e mudanças de formulação ou ingredientes.

Hosea (2009) explora o mercado alimentar e cosmético de luxo em "Shaping Luxury" que se debruça sobre aspectos como formas, gráficos e acabamentos utilizados por marcas de luxo como Dior, Chanel e a gama "Taste the Difference" da Sainsbury's. Discute como características de design simples em grau de cartão, coloração personalizada e publicidade gráfica podem facilmente influenciar o consumidor na interpretação de uma marca como premium ou de massa.

Pacey (2009) investiga a inovação mais inovadora que é aplicada à embalagem na era moderna. Pacey cita fontes fiáveis e utiliza dados de investigação para destacar algumas das características potencialmente maiores que o mundo da embalagem irá desenvolver para os consumidores se entregarem. A tecnologia Scratch 'n' Sniff nos produtos existe há muitos anos e embora não seja demasiado cara para fabricar e produzir, as marcas não optam por esta tecnologia inteligente devido aos tempos de investigação necessários para afinar e aperfeiçoar o aroma exacto de um produto.

Klimchuk (2006) centra-se na marca que define o design da embalagem e no conceito de estabelecer uma base da qual a percepção do cliente é manipulada. Uma vasta gama de características como a evolução da marca, identidade, equidade e lealdade alimenta o sucesso da marca. Centrando-se em cada característica individual, Klimchuk destaca certos pontos-chave que impulsionam directamente a embalagem global do produto, bem como a ligação de outros factores e estímulos à equação.

2.3 Factores constrangedores enfrentados por Designers e Tecnólogos de Embalagens.

Apesar da embalagem ser eficaz no aumento das vendas, existem muitos problemas enfrentados interna e externamente por empresas que produzem, fabricam e utilizam embalagens. Kiernan (1999) ataca a utilização de embalagens e concentra-se na forma como o excesso de embalagem de produtos tais como comprimidos afecta a limpeza e a vida após a embalagem, bem como a forma como as empresas do fluxo principal se concentram simplesmente no lucro e ignoram a eliminação da embalagem.

Especificamente nos mercados de cosméticos e de embalagens alimentares, porque os produtos são consumidos ou directamente aplicados em seres humanos, existem muitos testes rigorosos a que a embalagem deve aderir para ser considerada apta para utilização em qualquer uma das indústrias. A União Europeia compila uma legislação para produtos cosméticos (1999) que estabelece directrizes para produtos farmacêuticos e cosméticos durante as fases de investigação e desenvolvimento para assegurar que o produto e a embalagem são produzidos dentro dos limites de uma utilização segura. Isto é destacado como uma questão importante por Kirkpatrick (2009).

C hapter 3- Que técnicas e processos de desenvolvimento são utilizados pelas marcas Premium em embalagens de Cosméticos/Alimentares?

3.1 - Esboço do processo de concepção da embalagem.

A concepção e o desenvolvimento de embalagens são frequentemente considerados como desempenhando um grande papel no processo de desenvolvimento de novos produtos. Alternativamente, o desenvolvimento de uma embalagem (ou componente) pode ser um processo separado, mas deve estar estreitamente ligado ao produto a ser embalado para assegurar que o produto acabado e a embalagem se encontram bem juntos, tanto estética como funcionalmente.

A concepção da embalagem começa com a identificação inicial de todos os requisitos dentro do resumo e do que é necessário: concepção estrutural da embalagem e guia de corte, comercialização da marca dentro de um logótipo ou slogan, prazo de validade quando o produto acabado chega à loja, garantia de qualidade, tais como placas de gama para assegurar que as tolerâncias são estabelecidas com o fabricante e designer, logística e localização das linhas de montagem e de cada componente a ser comprado para ser montado, requisitos legais da lista de ingredientes (INCI), bem como conformidade com as declarações de peso internacionais e legislações de embalagem, design gráfico do design de impressão e garantia da sua viabilidade e prova, utilização final da embalagem e restrições ambientais são apenas alguns dos requisitos que podem ter de ser considerados.

Em resumo, os critérios de concepção, objectivos de tempo, recursos e restrições de custos têm de ser estabelecidos e acordados antes de um projecto ser levado a cabo, de modo a que tudo esteja ligado no lugar e ordenado em uníssono, pronto para o dia do lançamento.

O acima exposto destaca as formas padrão de trabalhar através de um projecto de embalagem, no entanto, as marcas premium seriam inicialmente definidas um orçamento maior com o qual trabalhar. Isto permite-lhes utilizar técnicas mais avançadas e dispendiosas, bem como considerar processos que normalmente seriam um desejo para as marcas do mercado de massas.

3.2 - Factores restritivos sobre marcas de massa e premium durante o desenvolvimento.

Embora as marcas premium tenham mais dinheiro, são limitadas pelos métodos de fabrico e pelo prazo final do dia de lançamento, bem como por outros factores.

Um exemplo de como a concepção da embalagem é afectada por outros factores é a relação com a logística. Quando o sistema de distribuição inclui remessas individuais por um transportador de pequenas encomendas, a triagem de cada produto interna e externamente, a manipulação durante todo o processo de transporte, e o empilhamento misto, fazem exigências severas quanto à força e capacidade de protecção da embalagem de transporte. Se o sistema logístico consistir num genérico que tessellar, a concepção estrutural da embalagem pode ser concebida para essas necessidades específicas: empilhamento vertical, talvez por um período de tempo mais longo. Uma embalagem concebida para um modo de transporte pode não ser adequada para outro.

Com alguns tipos de produtos, o processo de concepção envolve requisitos regulamentares detalhados para o pacote. Por exemplo, com a embalagem de alimentos, quaisquer componentes da embalagem que possam entrar em contacto com os alimentos são materiais em contacto com os alimentos, tal como discutido por Campos (2003).

Em primeiro lugar, os toxicólogos e cientistas alimentares precisam de verificar se os materiais de embalagem são permitidos pelos regulamentos aplicáveis dentro do ambiente de embalagem e em rota para os distribuidores, este teste pode parar o processo de desenvolvimento, no entanto, normalmente isto resume-se a um cenário de "aprender com os seus erros" na medida em que, a maior parte do tempo, os erros ocorrem e são corrigidos ao longo do tempo para contrariar problemas que possam surgir.

Em segundo lugar, os técnicos de embalagem precisam de verificar se a embalagem completa manterá o produto seguro durante o seu período de validade previsto dentro do uso normal. Os processos de embalagem através de linhas de fabrico, rotulagem na linha de produção, distribuição desde o armazenamento até ao armazém e supermercados e venda precisam de ser validados para cumprirem os regulamentos. Estes são factores restritivos devido a limitações de tamanho; ter uma necessidade de acolchoamento ou protecção extra para o trânsito ou forma, pode limitar a produção óptima. Ellicott (2010) discute como os factores anteriormente listados teriam um efeito directo sobre o resultado do desenho, quer antes ou depois da produção. No entanto, os designers de marcas premium terão definido resultados sobre a forma, acabamento e desenho final do produto, o que poderá prolongar o processo de desenvolvimento devido ao facto de os fabricantes terem de definir numerosas placas de gama/tolerância, ou de conceberem um método de fabrico para uma forma à medida e de fabricar vários moldes.

A concepção de embalagens pode ter lugar dentro de uma empresa ou com vários graus de engenharia de embalagem externa: engenheiros contratuais, consultores, avaliações de fornecedores, laboratórios independentes, embaladores contratuais, externalização total, etc. Isto requer um nível de planeamento formal do projecto e uma metodologia de gestão do projecto que se alista para todos os programas de concepção e desenvolvimento de embalagens, excepto os mais simples. Um sistema de gestão de qualidade eficaz e protocolos de Verificação e Validação são obrigatórios para alguns tipos de embalagens, o que assegura o cumprimento de um padrão definido e de uma cronologia de projecto, para assegurar que o projecto é entregue a tempo e sem quaisquer contratempos.

Com tantas partes exteriores envolvidas na reunião do produto final em termos de fornecimento de materiais, distribuição, fabrico e concepção, a AASS (2005) destaca o principal constrangimento que limita as capacidades que estas partes podem fornecer para o processo de desenvolvimento. Num mundo ideal, cada parte alimentaria directamente em sincronia, sem contratempos, mas se o designer não se contentar com uma correspondência de cor ou se a formulação não estiver correcta, isto traduz-se em erros de impressão e erros de prova para os fornecedores. Um pequeno problema pode atrasar facilmente o processo de desenvolvimento.

3.3 - Outros factores restritivos após o fabrico e produção.

Em alguns exemplos, os objectivos do desenvolvimento finalizado do design da embalagem parecem contraditórios. Por exemplo, os regulamentos para um medicamento de venda livre podem exigir que a embalagem seja inviolável e resistente às crianças: estes tornam intencionalmente a embalagem difícil de abrir. O consumidor pretendido, contudo, pode ser deficiente ou idoso e ser incapaz de abrir prontamente a tampa do recipiente da embalagem. Isto é semelhante à formulação de produtos químicos para marcas de primeira qualidade, embora o mercado alvo do utilizador seja um nicho de mercado justo e centrado num determinado sexo e idade, a facilidade de utilização vem sempre como consideração primária. Esta consideração, por muito restritiva que seja, ajuda a marca e assegura a qualidade da embalagem do produto acabado. Um exemplo seriam os recipientes compactos e de batom dentro dos mercados de cosméticos.

O desenvolvimento de embalagens pode também envolver considerações de sustentabilidade, responsabilidade ambiental, e regulamentos ambientais e de reciclagem aplicáveis. Para as marcas mais conscientes da sustentabilidade, isto pode envolver uma avaliação do ciclo de vida (ACV), que considera as entradas e saídas de material e energia para formar a embalagem, o produto embalado (conteúdo), o processo de embalagem da fábrica de fabrico, o sistema logístico do ciclo de embalagem e a gestão de resíduos. É também necessário conhecer os requisitos regulamentares relevantes para o ponto de fabrico, venda e utilização, que é discutido por Boylston (2009) e Foster (2008).

Os tradicionais "três R's"; reduzir, reutilizar e reciclar, fazem parte de uma hierarquia de resíduos que pode ser considerada no desenvolvimento de produtos e embalagens.

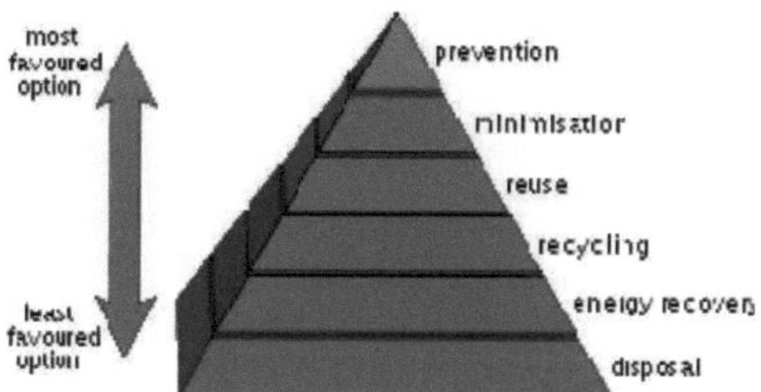

FIGURA.1 - Pirâmide da Sustentabilidade *(Imagem proveniente de IAG2006)*

Prevenção - A prevenção de resíduos é um objectivo primordial. Como discutido na Wikipedia (2010). Normalmente, o conteúdo energético e a utilização de material do produto a ser embalado são muito maiores do que o da embalagem. Uma função vital da embalagem é proteger o produto para o seu uso pretendido: se o produto for danificado ou degradado, toda a sua energia e conteúdo material podem perder-se. Por conseguinte, existe um bom equilíbrio entre fazer embalagens que serão simplesmente deitadas fora após a utilização, mas que são consideradas adequadas para efeitos de trânsito e prazo de validade. Um exemplo é uma embalagem típica dos Cadburys Easter Egg, em que a embalagem existe simplesmente para proteger o ovo até que um consumidor o retire da caixa, após o que a caixa é deitada fora.

Minimização - Normalmente as embalagens "reduzidas" ajudam a minimizar os custos. A minimização pode poupar o dinheiro da empresa, mas ainda assim, pode ter um aspecto e um nicho de mercado à medida. Embora muito disto se deva ao trabalho de concepção do desenvolvimento, muitas marcas de topo optam por uma abordagem "menos é mais" dentro das indústrias cosmética e alimentar. A minimização é também apropriada para muitas marcas devido às legislações sobre embalagens e regras ambientais a que devem aderir, conforme discutido na Wikipedia (2010).

Reutilização - A reutilização de uma embalagem ou componente para outros fins é encorajada. As embalagens retornáveis têm sido úteis (e economicamente viáveis) há muito tempo para sistemas logísticos de circuito fechado. A inspecção, limpeza, reparação e recuperação são frequentemente necessárias. Alguns fabricantes reutilizam a embalagem das peças recebidas para um produto, quer como embalagem para o produto de saída, quer como parte do próprio produto. Contudo, isto é um constrangimento, uma vez que actualmente o público em geral está consciente das questões de sustentabilidade, mas opta por não participar nesta estratégia de reutilização. Reciclar agora (2010). Além disso, as marcas de embalagem premium optam por não adoptar este método devido aos estatutos da própria marca.

Reciclagem - Reciclagem é o reprocessamento de materiais (pré e pós-consumo) em novos produtos. A ênfase é dada à reciclagem dos maiores componentes primários de uma embalagem: aço, alumínio, papéis, plásticos, etc. Reciclar agora (2010). Podem ser escolhidos pequenos componentes que não sejam difíceis de separar e que não contaminem as operações de reciclagem. As embalagens de cartão (caixas) são recicladas ou são consideradas recicláveis através do símbolo das três setas. Uma fonte sustentável é também demonstrada pelo Forest Stewardship Council (FSC), que salienta que os materiais foram obtidos a partir de um ambiente sustentável.

O desenvolvimento de embalagens sustentáveis é uma área de considerável interesse para as organizações de normalização, governo, consumidores, embaladores, e retalhistas.

C hapter 4- A eficácia das embalagens e como podem ser medidas.

4.1 - Como as inovações podem ser medidas e como os resultados afectam os métodos utilizados.

Há muitos métodos utilizados pelas grandes empresas para investigar a eficácia das vendas, o que é uma forte indicação do estatuto da marca dentro desse mercado de produto específico. No entanto, devido à natureza do título do relatório, as vendas de marca não são suficientemente precisas para dar um meio adequado de medir a eficácia da embalagem. Isto deve-se à flutuação das vendas dentro do mercado premium e ao interesse natural das marcas de massa pelo público em geral, resultando em maiores vendas.

A investigação observacional é um método possível de recolha de dados. A interacção entre consumidor e embalagem é de grande importância uma vez que determina a percepção do produto e tem um impacto imediato no julgamento dos consumidores em termos de qualidade e quantidade. Sapsford et al. (1998) afirma que uma abordagem observacional da recolha de dados como método de pesquisa tem vantagens claras sobre os questionários e entrevistas. A informação sobre o ambiente físico do comportamento humano pode ser registada directamente por um investigador sem ter de confiar nos relatos retrospectivos ou antecipatórios de outros.

Aplicando isto como exemplo de investigação para esta investigação, vários exemplos de suportes de embalagem serão colocados sobre uma tela em branco. Este meio representará uma escala de prestígio de embalagem no mercado actual, desde marcas de massa a marcas de primeira qualidade. Cada nome de marca será coberto por um rótulo branco para garantir que nenhum factor possa afectar os resultados.

O consumidor será então solicitado a classificar cada exemplo numa escala de 1 a 10. 1 sendo uma marca de massa e 10 sendo a marca mais premium. Este método de investigação será estruturado para complementar os métodos de Sapsford (1998) que permitirão ligações mais claras a teorias e hipóteses pré-existentes relativas à natureza e causas de comportamento.

Especificamente o consumidor será observado nas suas formas de interacção com cada produto, isto deverá revelar o estímulo que torna a embalagem premium eficaz em termos de emulação de uma sensação de luxo.

Juntamente com as observações, serão utilizadas perguntas de investigação para estabelecer e identificar os factores individuais que definem o estatuto premium de certos produtos de embalagem em relação a outros. Seguindo os Métodos de Design de Investigação Qualitativa de Maxwell (1996), os conhecimentos básicos e a experiência de conhecimentos teóricos serão traduzidos num questionário que terá como objectivo estabelecer uma área chave de características de embalagem para o estatuto premium, bem como envolver o utilizador nos métodos que melhor funcionam.

Há muitas vantagens num questionário em que as perguntas feitas serão efectivamente respondidas; no entanto, isto é acompanhado de uma série de desvantagens. Estas incluem a variedade de consumidores que responderão às perguntas e o detalhe que este método qualitativo terá como objectivo a recolha. Idade, sexo, origem étnica podem todos afectar o resultado dos resultados, devido à natureza da preferência dos consumidores em diferentes marcas e técnicas utilizadas pelas principais empresas.

C hapter 5- Método / Recolha de dados empíricos

5.1 - Confidencialidade

Inicialmente em termos de informação pessoal, foi dada a todos os participantes a opção de colocar um nome, ocupação e e-mail. Isto permitiu a escolha da confidencialidade do utilizador. Quaisquer participantes do questionário/inquérito foram também notificados de que toda a informação permaneceria confidencial e seria destruída após a entrega do relatório.

5.2 - Estrutura do questionário.

Foram formulados dois questionários. Um para os consumidores e outro para os técnicos de embalagem, cada questionário foi estruturado em 5 secções principais para responder e sondar os participantes em termos das suas tendências e traços.

Este método de recolha de resultados foi particularmente eficaz, uma vez que cada secção se propôs a colocar o participante numa determinada mentalidade, com as perguntas a fluir numa ordem relativa, de modo a que cada secção se concentrasse em cada uma das questões-chave.

O foco de cada secção era começar com uma pergunta geral, de modo a que o participante fosse encorajado a pensar ao longo desse assunto em particular. Por exemplo, a pergunta 1 de uma secção seria: "Quanto é que X o influencia quando se compra um produto? ". Isto exigiria uma resposta rápida, mas faria com que um participante fosse colocado num determinado estado de espírito para responder às perguntas que se seguiriam, as quais se tornariam mais detalhadas e simplesmente expandiriam ou marcariam fora das perguntas iniciais. Esta consistência revelou-se positiva como método, devido a uma elevada percentagem de respostas ser detalhada e dar uma boa percepção das opiniões individuais dos consumidores.

5.3 - Distribuição de questionários.

Os participantes do questionário do consumidor vieram de uma vasta gama de origens étnicas, idades, profissão e incluíam ambos os sexos. Isto garantiu que o questionário iria extrair uma vasta gama de resultados no que diz respeito às questões colocadas, o que, por sua vez, iria beneficiar a investigação em termos da exactidão dos resultados.

Uma abordagem diversificada no que diz respeito à distribuição foi importante para coligir uma vasta gama de resultados. Inicialmente, foi conduzido e publicado um inquérito em linha. Este método revelou-se muito bem sucedido devido à facilidade de acesso para todos os participantes, ao contrário dos questionários em papel, qualquer consumidor que tivesse acesso à ligação à Internet poderia completá-la.

Uma limitação, porém, foi a falta de literatura sobre o assunto. A par disto, havia uma falta de compreensão do assunto por parte dos consumidores, o que dificultava a elaboração da sua opinião. Devido à natureza da embalagem ser simplesmente o primeiro porto de escala em termos da estética visual de um produto, muitos utilizadores consideram simplesmente a embalagem como uma característica de marca utilizada para atrair um consumidor e, por conseguinte, não prestam atenção aos detalhes das técnicas de impressão ou acabamento.

5.4 - Secção de perguntas.

Tanto o questionário do técnico de embalagem como o questionário do consumidor serão divididos em 4 secções separadas. As secções dos dois questionários começarão com um simples campo em branco para nome, profissão e contacto por e-mail.

A segunda secção pedirá ao participante para classificar numa escala simples de 1 a 5 o quanto sente que a embalagem afecta a sua mentalidade de compra em relação a um produto. Fazer uma pergunta directa como esta permite fazer comparações contra se os consumidores estiverem realmente conscientes de que a embalagem cumpre o seu objectivo. A segunda secção pedirá também ao participante que reveja uma peça de embalagem que ele considere premium. Este tipo de pergunta aberta é escolhida para que se possa fazer uma gama mais ampla de comparações e traçar tendências, que devem também destacar qualquer embalagem distinta no mercado actual. A fim de obter uma visão clara, será pedido ao participante que descreva a razão pela qual esse pedaço de embalagem é considerado premium na sua opinião.

A secção três do questionário será um sistema de classificação directa em escala, utilizando duas imagens e pedindo aos participantes que classifiquem a imagem que consideram como um produto mais premium. Logo após cada pergunta orientada para a imagem de classificação, será inserida a pergunta "que características influenciaram a sua decisão?" para ver se o participante pode destacar as características-chave que afectaram a sua decisão. Isto está directamente ligado ao título das técnicas individuais utilizadas pelas marcas premium devido ao facto de os consumidores escolherem e escolherem o que se destaca entre um produto de mercado de massas e um premium. As perguntas desta secção seguirão a secção utilizada pela Rotovision (2007).

A secção quatro é uma simples marca premium exibida como uma gama. A gama consistirá numa imagem mostrando numerosos produtos de uma marca premium, publicitados num meio promocional (cartaz). Será pedido ao participante que analise e destaque as características que considera premium sobre essa marca. Este método é eficaz durante a análise dos resultados, uma vez que quaisquer respostas recorrentes destacarão tendências e podem ser facilmente referenciadas entre outros resultados de perguntas, o que trará as técnicas mais eficazes que os consumidores conhecem.

A secção cinco será baseada no reconhecimento de silhueta semelhante ao Reconhecimento da Marcha discutido na Wikipédia (2010). Em questão uma desta secção, o participante será convidado a classificar alguns exemplos de silhuetas de produtos apagados e a classificar cada exemplo numa escala de classificação. Na parte dois desta secção, será perguntado ao participante se consegue identificar e nomear as silhuetas apagadas.

C hapter 6- Resultados e Discussão

Capítulo 6.1 - Dados empíricos / Resultados

Os dados recolhidos a partir dos dois questionários consistiram exactamente em 100 respostas tanto de consumidores como de técnicos de embalagem. A repartição deste número é: 95 respostas de consumidores e 5 respostas de especialistas.

6.2 - Percepção das embalagens pelos consumidores

FIGURA.2 - Tabela de Resultados, Percepção da Embalagem do Produto

Este quadro mostra os resultados de uma das perguntas anteriores, que pedia aos consumidores que classificassem as características que consideravam ao verem um produto contendo uma embalagem. Na Figura.2 podemos ver a resposta mais elevada que ocorre, destacada em negrito.

Cor - A maioria das respostas concentraram-se no extremo inferior "mais importante" da escala, com mais de 60% das respostas ocorrendo na escala de classificação 2, 3, 4 e 5. Isto mostra que a cor desempenha um grande papel na atracção de um utilizador e na sua sedução para comprar ou ver um produto, o que também é discutido pela Imprensa (2008).

Tamanho - Tal como no caso da cor, mais de 65% dos resultados foram concentrados nos 2, 3,4 e 5, tornando o tamanho da embalagem uma característica potencial para fazer um produto parecer premium. O número mais elevado de respostas enquadrava-se na classificação dos 4, com mais de um quarto dos consumidores. Isto faria sentido, pois o tamanho também pode ser enganador dentro do ambiente de embalagem, onde o excesso de embalagem é por vezes utilizado por marcas premium para fazer os seus produtos parecerem maiores e enganar os consumidores para o tamanho real do produto, tal como é discutido pela Herriott (2010).

Decoração - Os resultados da decoração estão bastante dispersos. Ganhou a menor taxa de resposta para "muito

Que factores considera quando pega num produto com embalagem?

	1 Muito Importante	2	3	4	5 Considerado	6	7	8	9	10 Não Importante
Cor	4(4.1796)	12 (12.5096)	11 (11.4696)	17(17.7196)	22 (22.9296)	5 (5.2196)	7 (7.2996)	10(10.4296)	3 (3.1396)	5 (5.2196)
Tamanho	5 (5.2196)	12 (12.5096)	14(14.5896)	24(25.0096)	16(16.6 796)	7(7.2996)	5(5.2196)	7(7.2996)	2 (2.0896)	414.1796)
Decoração (bloqueio de folhas, etc.)	1(1.0496)	11 (11.4696)	10 (10.7996)	17(17.7196)	14(14.5896)	13 (13.5496)	7 (7.2996)	6(6.2596)	2 (2.0896)	6 (6.2596)
Info'mation na embalagem	25 (25.0496)	19 (19.7996)	25 (25.0496)	13 ¡13.5496)	4(4.1796)	3(3.1396)	3(3.1396)	2(2.0896|	2 (2.0896)	0(0.0096)
Propriedades de Reciclagem	7(7.2996)	4(4.1796)	12 (12.5096)	9(9.3896)	17 (17.7196)	10(10.4296)	9 (9.3896)	13 (13.5496)	8(8.3396)	7 (7.2996)
Desenho da embalagem (Forma, etc.)	5 (5.2196)	14(14.5896)	15 (15.6396)	20(20.8396)	2O(2O.8396|	8(8.3396)	5(5.2196)	3(3.1396)	5(5.2196)	1(1.0496)
Segunda Utilização de Embalagem (como contentor, etc.)	2 (2.0896)	8(8.3396)	12(12.5096)	8(8.3396)	15 (15.5396)	11 (11.4696)	9 (9.3896)	11 (11.4696)	7(7.2996)	13 (13.5496)

importante" dentro desta categoria de perguntas, obtendo apenas 1 resposta. Os restantes resultados estão distribuídos principalmente entre as classificações 2 e 6, o que sugere que a decoração é insignificante. A precisão desta resposta específica pode ser questionada, devido ao facto de os consumidores possivelmente não compreenderem que decorações como o bloqueio da folha, laminagem, brilho e lacagem podem ter sido examinadas. Isto pode dever-se à falta de conhecimento dos consumidores em matéria de embalagem e ao facto de poderem ter-se concentrado nas principais características primárias, tais como logótipos de marca e dimensionamento.

Informação sobre Pack - Tem um efeito muito positivo nos consumidores que adquirem o produto. Tem a classificação mais alta onde 85% das respostas foram 1, 2, 3 ou 4 classificadas, com 1 e 3 tendo ambas 25 respostas cada uma, o que corresponde a 52% dos inquiridos e, por conseguinte, mais de metade sente que a informação na embalagem venderia um produto. Olhando para os resultados da decoração, isto pareceria verdade, pois as marcas Premium colocariam estrategicamente o seu logótipo, bem como as principais reivindicações do produto (no mercado dos cosméticos), de modo a que o consumidor pudesse ver claramente quais os benefícios que obteria se comprasse esse produto. A indústria alimentar pode, contudo, ser diferente, com embalagens de tamanho semelhante às marcas de massa; devem confiar em várias características de design para superarem a concorrência do mercado de massa.

Propriedades de Reciclagem - Com 17 respostas, esta é a classificação mais alta para 5 'consideradas'. As propriedades de reciclagem não parecem ser consideradas altamente aos olhos dos consumidores. À semelhança das formas de trabalho quotidianas, os consumidores estão conscientes de que a reciclagem e a sustentabilidade é importante para o futuro, mas não é uma parte integrada do sistema e da vida daqueles que se encontram no Reino Unido. Isto talvez explique porque é que os resultados foram esporádicos e nenhuma tendência óbvia pôde ser estabelecida dentro desta questão.

Pack Design - O design da embalagem provou ser importante aos olhos dos consumidores. Mais de 80% das respostas foram concentradas entre as 2 e 5 classificações, mostrando que é importante que as marcas considerem a forma da embalagem e não optem por desenhos padrão. Este reconhecimento e importância da forma será mais explorado, uma vez que esta característica particular do design é um aspecto interessante para o sucesso do design Premium em relação às marcas de massa.

Segunda Utilização do Pacote - Os resultados para este assunto são inconsistentes; seguindo uma via semelhante às propriedades de Reciclagem, sendo a classificação 5 "considerada" a resposta mais elevada aos 15 anos. Também ao longo de um assunto semelhante ao da Reciclagem, a segunda utilização está a prolongar a vida útil das embalagens, que os consumidores em geral só consideram quando compram embalagens de muito nicho ou embalagens feitas por medida. Exemplos disto seriam vasos de flores, frascos de perfume e outros recipientes que teriam como característica especial um desenho de relevo como a estampagem de logótipos.

Em resumo dos resultados da primeira pergunta, a informação sobre a embalagem, tamanho, cor e forma tem um efeito positivo sobre os consumidores se bem concebida. Isto será investigado mais aprofundadamente na próxima pergunta.

6.3 - Embalagem de alimentos, manga percepção do consumidor

Foi pedido aos participantes do questionário que classificassem 5 exemplos diferentes de embalagem de mangas numa variedade de refeições prontas de caril. A variedade continha uma série do caril mais barato, ao mais alto nível.

Os exemplos de caril foram os seguintes:

a) Sharwoods
b) Marca própria Tescos
c) Tescos marca própria básica
d) Parampara
e) Tescos Finest

Figura.3 - Selecção de 5 exemplos utilizados em questões de embalagem.

A primeira pergunta desta secção solicitava aos participantes que classificassem os 5 exemplos em termos de maior ou menor prémio (1 sendo o maior prémio, 5 sendo o menor prémio).

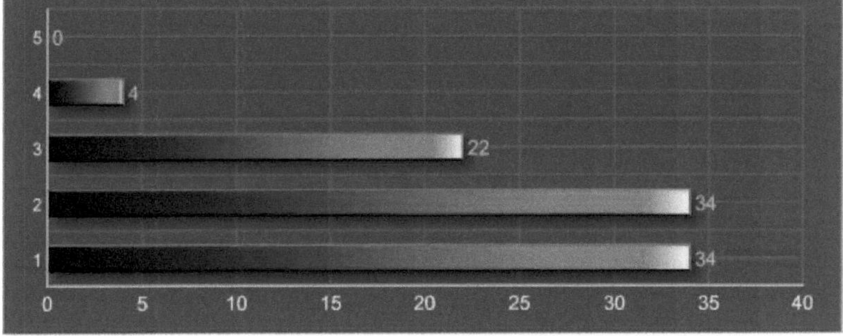

FIGURA. 4 - Gráfico de barras mostrando respostas na escala de classificação para Sharwoods (a)

O caril Sharwoods recebeu uma boa classificação de prémio, com 68 participantes a considerá-lo como o top 2 em termos de embalagem premium. Neste exemplo em particular, seria interessante comparar e contrastar com um exemplo classificado semelhante.

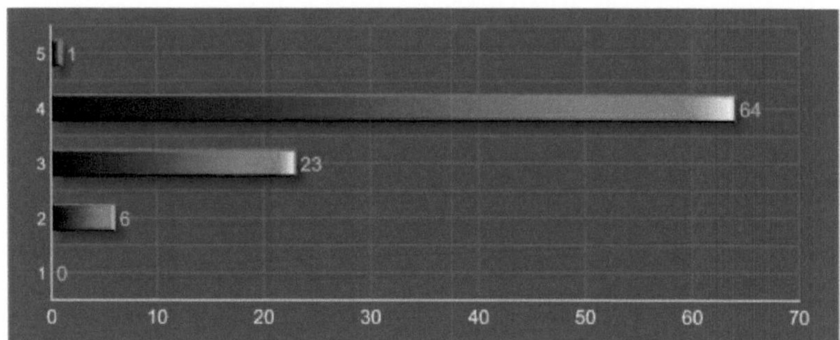

Figura.5 - Gráfico de barras mostrando respostas na escala de classificação para a marca própria Tescos (b)

A resposta dominante foi a de um ranking 4 sobre este exemplo em particular. Sem classificação "mais premium" e com apenas 6 respostas para uma classificação 2, este exemplo em particular foi fortemente votado a favor da segunda classificação menos premium.

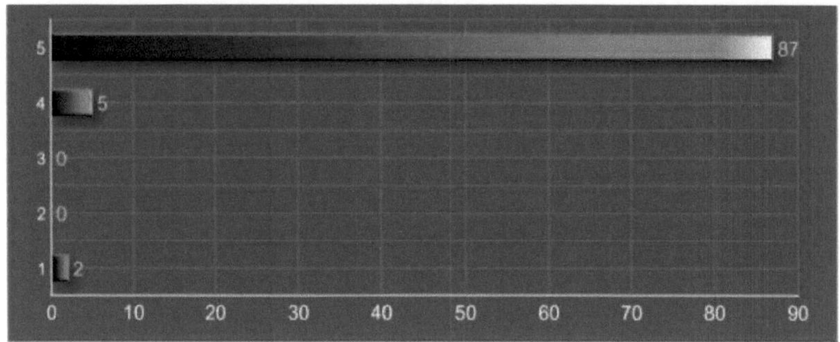

Figura.6 - Gráfico de barras mostrando respostas à escala de classificação para a marca Tescos basic (c)

O produto de preço mais barato foi classificado fortemente como o menos premium, tendo 87 optado por votar neste exemplo com as 5 classificações. 2 pessoas votaram este como a maioria do prémio, que será descontado como uma anomalia ou erro, uma vez que esses participantes em particular podem muito bem ter cometido um erro de julgamento ou não ter participado de uma forma que foi considerada correcta para este questionário.

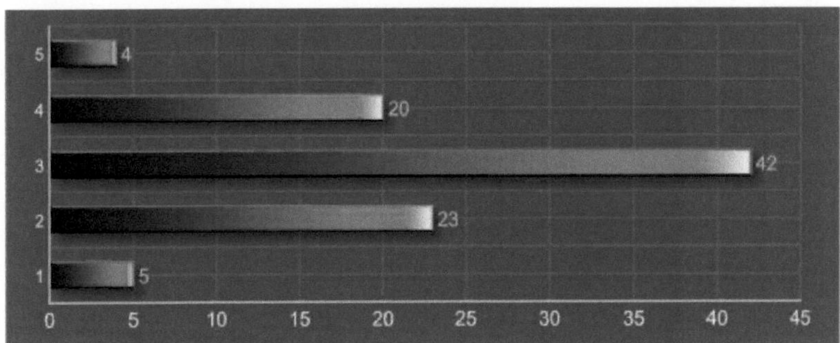

Figura.7- Gráfico de barras mostrando respostas na escala de classificação para Parampara (d)

A Parampara não é uma marca bem conhecida e este exemplo foi seleccionado devido à utilização de embalagens brancas para alimentos, o que representa frequentemente perda de peso ou alimentação saudável. Os resultados mostram que foi considerada a classificação 3 do limite normal de massa/premium. A classificação 2 e 4 têm resultados semelhantes de 20 e 23 respectivamente, este resultado particular mostra um bom equilíbrio, uma vez que os números são semelhantes em ambos os lados da escala nominal 3.

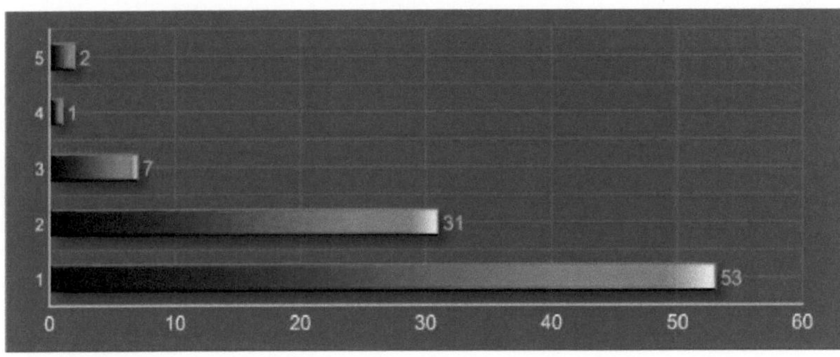

Figura.8- Gráfico de barras mostrando respostas na escala de classificação para Tescos finest (e)

O Tescos Finest é considerado como o exemplo mais premium nesta categoria de perguntas. 84 participantes optam por classificar este 1 ou 2, com a classificação 1 a obter 53 votos. 2 participantes classificaram este exemplo como menos premium e 1 classificou este exemplo como 4º premium, estes resultados serão vistos como uma anomalia devido à natureza dos resultados para este exemplo. À semelhança do exemplo (c) Tesco Basic Curry, o participante pode não ter compreendido a classificação.

6.4 - Comparação de mangas

A pergunta seguinte envolveu uma comparação directa entre dois pares de produtos dos exemplos utilizados na pergunta anterior, primeiro classificados numa escala que o consumidor sentiu ser mais premium (1 sendo mais premium e 2 menos premium). Isto destacará as técnicas de embalagem premium que são mais eficazes para fazer com que um consumidor considere um produto em vez de um produto semelhante.

Figura.9 - Exemplos de (c) e (e) exemplos utilizados nesta questão de classificação

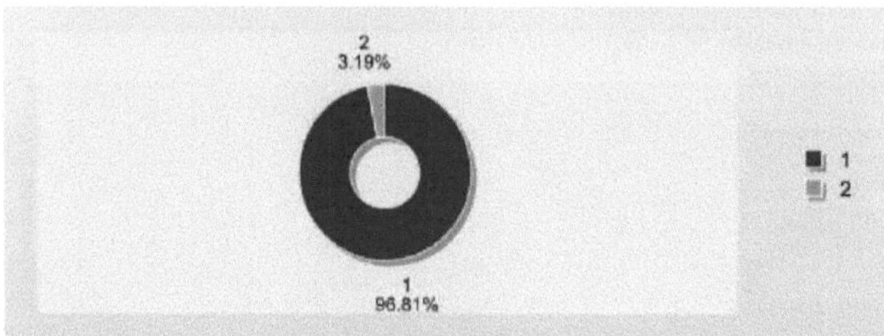

Figura.10 - Resultados desta pergunta num gráfico de testes

Dos 95 participantes, 92 consideraram (e) Tescos finos como sendo mais premium do que (c) Tescos básico. Os 3,19% que responderam com (e) menos prémio serão vistos como uma anomalia ou má interpretação da pergunta, portanto, serão descontados. Subsequentemente, na segunda parte das perguntas, os 3 indivíduos que classificaram (c) mais prémio responderam à pergunta como se considerassem (e) mais prémio, sugerindo uma confusão em seu nome relativamente ao sistema de classificação.

As respostas a esta pergunta incluíram uma série de respostas, muitas das quais centradas na apresentação da imagem e no uso da cor em (e), com comentários sobre a imagem a ser bem apresentada sendo mencionada em muitas das respostas. O uso da cor foi proeminente em todas as respostas, mencionando o uso do desvanecimento do gradiente no exemplo premium, bem como o equilíbrio da imagem e cor da manga. A tipografia foi mencionada em parte do equilíbrio geral da manga, tendo a composição um bom texto arrojado com uma variedade de itálicos e uso monocromático no exemplo premium. O exemplo menos premium é demasiado ousado e avassalador com as cores, bem como ter imagens e preços exibidos dentro de uma tela desequilibrada da manga.

Figuras 11 e 12- Exemplos de (a) e (d) exemplos utilizados nesta questão de classificação

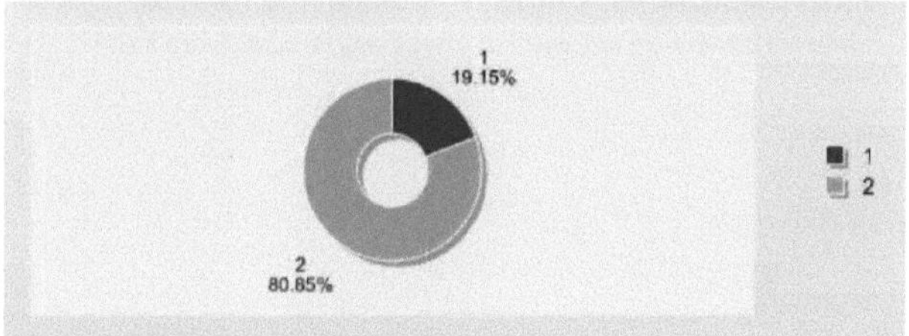

Figura.13- Resultados desta pergunta num gráfico

Os resultados desta questão em particular foram bastante surpreendentes no facto de, no sistema de classificação anterior, estes dois exemplos terem obtido classificações semelhantes em termos de resultados premium, o que, no entanto, colocou um contra o outro, exemplo (a) Sharwood's foi votado 80,85% mais premium sobre (d) Parampara. Isto suscita ambiguidade em relação à classificação anterior contra os cinco exemplos.

O feedback dos participantes e as suas ideias sobre a razão pela qual consideraram (a) ter descoberto muitas razões, principalmente o nome da marca ser o principal ponto de venda e a reputação ser o factor de oscilação dos consumidores que optam por uma marca conhecida em detrimento de uma marca mais recente sem experiência e com pouco marketing. As cores da manga concebida de (a) foi a segunda resposta recorrente a ser listada nas respostas, e a utilização de uma imagem desbotada e cores desfocadas a elogiar a bandeira com o sabor do produto.

Em ambos os exemplos de comparações, não há qualquer menção relativa aos detalhes da embalagem, sendo os principais pontos de venda mencionados o nome da marca, imagem, utilização de cores e composição da manga.

6.5 - Comparações de caixas e produtos

Seguindo a pergunta anterior de uma comparação 1 contra 1 e perguntando porque é que o participante escolheu um em vez do outro, a diferença para esta secção é que o produto é mostrado juntamente com a embalagem. Este método é um desenvolvimento que depende simplesmente da embalagem para vender um produto. Quando um consumidor pode ver o produto dentro da embalagem, o produto e a embalagem têm de trabalhar numa relação simbiótica a fim de atrair um consumidor.

Especificamente, esta pergunta foi colocada a 5 Técnicos de Embalagem que são especialistas no departamento de embalagem premium na sede da Boots UK. Todos os 5 participantes optaram pelo batom Chanel como sendo mais premium do que o Dior.

Todos os inquiridos deram respostas semelhantes quando lhes perguntaram porque consideravam que Chanel era mais premium. Em primeiro lugar, foi mencionado o estatuto premium em relação à própria marca, com Chanel a ocupar uma posição mais prestigiosa no mercado dos cosméticos. Em segundo lugar, o acabamento metalizado a ouro é considerado premium, particularmente quando combinado com o elevado brilho do invólucro exterior. Dior tenta contrabalançar este estatuto premium oferecendo uma nova abordagem gráfica, contudo, amarrar um batom e um delineador de olhos a uma caixa não tem o efeito desejado neste exemplo.

6.6 - Marca e gama de produtos.

Nesta secção, foi mostrada aos participantes uma imagem de uma marca bem conhecida e foi-lhes pedido que realçassem o que consideram as características mais proeminentes em termos de colocar essa marca em particular num estatuto premium.

Figura.16 - Gu e embalagens de fruta para bolos e condimentos. *(Imagem obtida de Gu)*

A cor de fundo escuro com uma boa apresentação do produto foi a resposta mais frequente, com mais de 70% dos 95 participantes respondendo e comentando o fundo preto mate com uma banda pastel em volta do desenho da embalagem. A simplicidade é outro factor para tornar esta embalagem premium, as palavras: simples, elegante, suave contraste, minimalista, manhosa e limitada emula o pouco uso de texto e composição do desenho na embalagem, tendo uma tela limpa. A fotografia foi outro tema amplamente mencionado. A imagem do produto no interior vendeu o produto e o uso de desfocagem criando uma imagem de luxo e desenho no consumidor, com uma marca inteligente, uma vez que as imagens correspondem à cor de fundo e complementam o desenho geral da embalagem.

Figura.17 - Smoothies Inocentes 150ml. *(Imagem proveniente de Innocent)*

As palavras-chave que foram mencionadas neste exemplo particular de Innocent Smoothies foram: Simplicidade, orgânico, natural, peculiar, bom espírito de companhia e emulação de uma bebida refrescante. Os mais dominantes

A característica sobre Innocent Smoothies é a imagem que eles retratam e transmitem aos consumidores; uma bebida de corte limpo e sem disparates que tem todos os ingredientes naturais.

Características de design como a mudança do instrumento da garrafa foram mencionadas para que possam ter uma variedade de pequenas mensagens inovadoras gravadas na base que mantêm os consumidores entretidos enquanto tomam esta bebida. Nos gráficos da própria garrafa, foram impressas pequenas letras e logotipos, bem como citações, de modo a que, quando os consumidores lessem os ingredientes, teria algo de novo, como um pato de brinquedo impresso. Isto traria uma sensação de felicidade ao consumidor e ajudaria a experiência do utilizador do produto. Uma estratégia de marketing interessante, uma vez que a própria garrafa foi comentada como sendo simples e um padrão, mas o rótulo da embalagem vende o produto, o que foi provado quando o rótulo da embalagem foi removido, uma vez que os utilizadores não tinham ideia de que produto se tratava nas primeiras impressões.

6.7 - Reconhecimento e Comparação de Silhueta

A parte final do questionário, tanto para consumidores como para técnicos de embalagem, foi um exercício de reconhecimento de silhueta e de classificação de prémios. Foram escolhidas cinco silhuetas de

(a) perfume Chanel no.5 (b) Champô Herbal Essences (c) Coca Cola - Garrafa de vidro

silhueta negra de embalagens icónicas de alimentos e cosméticos, que foram as seguintes

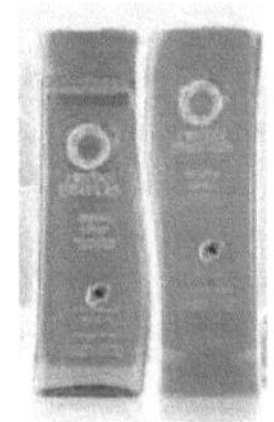

(d) Jean Paul Gaultier Perfume (e) Baileys

Números. 18, 19, 20, 21 e 22 - Exemplos de silhuetas e produtos.
(Imagens provenientes de, Chanel, Herbal Essences, Coca Cola, Jean Paul Gaultier e Baileys)

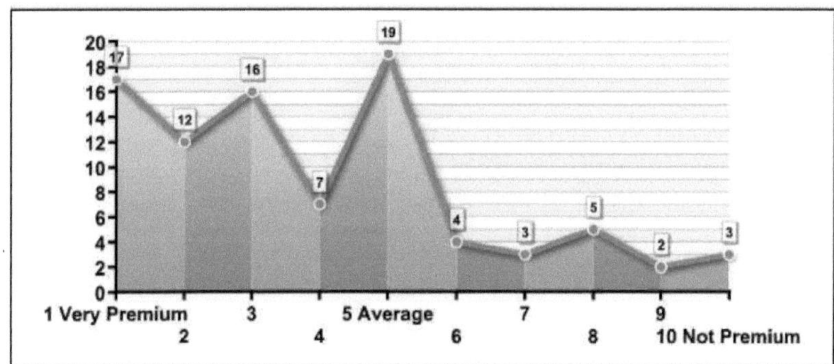

Figura.23 - Gráfico mostrando as respostas do Chanel No.5 Premium Ranking

Os resultados da classificação para Chanel No.5 foram fortemente ponderados em relação à média e muito superior. Devido à aplicação de silhueta, muitos utilizadores podem ter achado este produto difícil de distinguir e, por conseguinte, classificar o prémio, uma possível explicação para os 17 participantes que votaram este não prémio. Dos 5 exemplos mostrados em silhuetas, Chanel No.5 retalho como o produto mais caro a pouco menos de £100 por 100ml. 45 participantes, o que é um pouco menos de metade dos participantes, classificaram estes 3 ou menos.

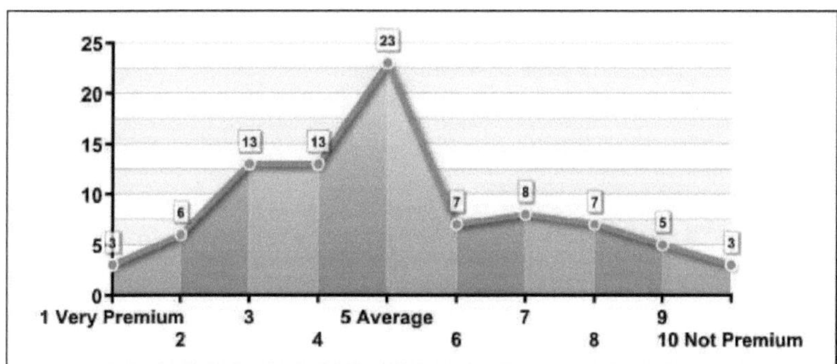

Figura.24 - Gráfico mostrando as respostas de Herbal Essences Shampoo and Conditioner Premium Ranking

Herbal Essences Shampoo and Conditioner é um produto do mercado de massas que utilizou uma ferramenta de molde recentemente redesenhada em 2007 para criar uma forma ondulada tesselada. Esta remodelação particular revelou-se popular, impulsionando as vendas da sua marca nos últimos 2 anos. No entanto, como um produto de mercado de massas com uma forma personalizada, os consumidores consideraram-no particularmente médio e apenas ligeiramente superior. Não há um padrão distinto neste resultado, mas as classificações 3, 4 e 5 dominam as respostas dos participantes com 49 votos, o que é mais de 50% considerando esta forma como mais premium.

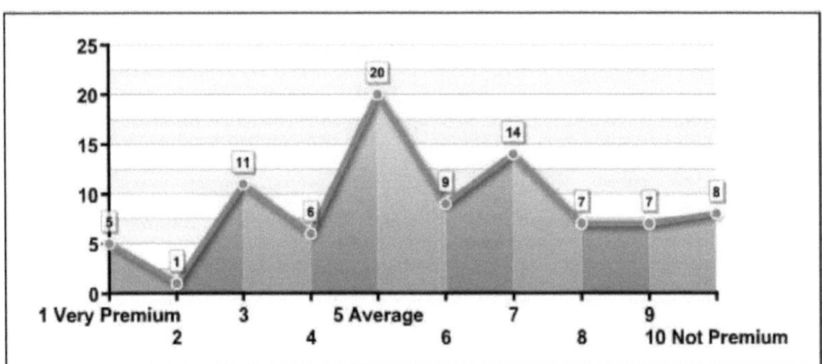

Figura.25 - Gráfico mostrando as respostas da Coca Cola Glass Bottle Premium Ranking

A Coca Cola utilizou a sua marca ao longo de 66 anos desde a sua criação em 1944. A acumulação de resultados concentrada está dentro da classificação média de 5, com um peso mais pesado para a escala não premium. Contudo, os resultados são bastante inconsistentes para este exemplo, sem tendência real, uma vez que 66% dos resultados estão repartidos entre as 3 a 7 gamas.

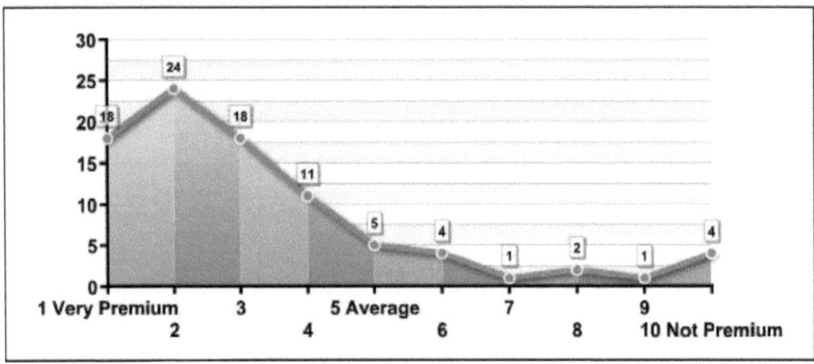

Figura.26 - Gráfico mostrando as respostas de Jean Paul Gaultier Perfume Premium Ranking

Jean Paul Gaultier é um desenho de garrafa baseado no corpete de uma mulher. Este desenho icónico é considerado por Técnicos de Embalagem e Consumidores como um dos melhores desenhos, ganhando múltiplos prémios, com um preço de 80 libras esterlinas, é o segundo exemplo mais premium utilizado dentro desta secção de classificação do questionário. Os resultados sugerem que, das 5 silhuetas de produtos, este frasco de perfume foi o mais elevado. Mais de 75% das respostas são de grau 4 ou inferior e o modo é de grau 2, sendo o grau 1 e 3 o segundo mais alto.

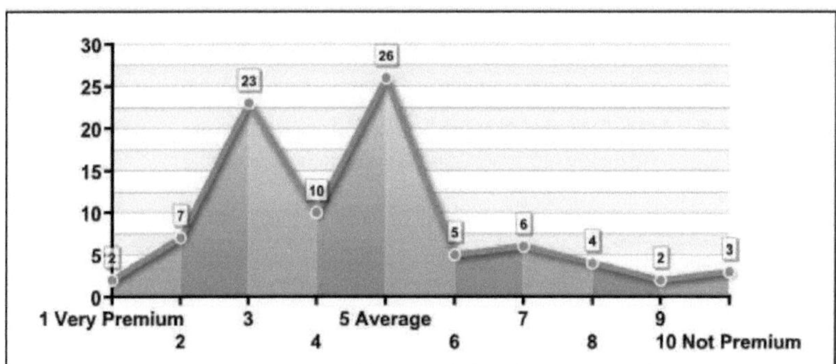

Figura.27 - Gráfico mostrando as respostas do Ranking de Garrafas Baileys

As garrafas Baileys não mudaram de forma durante mais de 30 anos desde a sua introdução no mercado do álcool premium. Em comparação com o exemplo da garrafa de coque que utilizámos, cada uma tem um património muito distinto e inalterado em termos de desenho e silhueta de ferramentas de molde. A classificação mais frequente entre 3 e 5 sugere que este design é particularmente premium com as suas curvas e molde profundo e pescoço longo. Houve um voto para cada posição na escala, embora a posição 7 a 10 seja ligeiramente ambígua e confusa como resultado, questionando a exactidão deste exemplo em particular.

6.1.6 - Resposta de silhueta

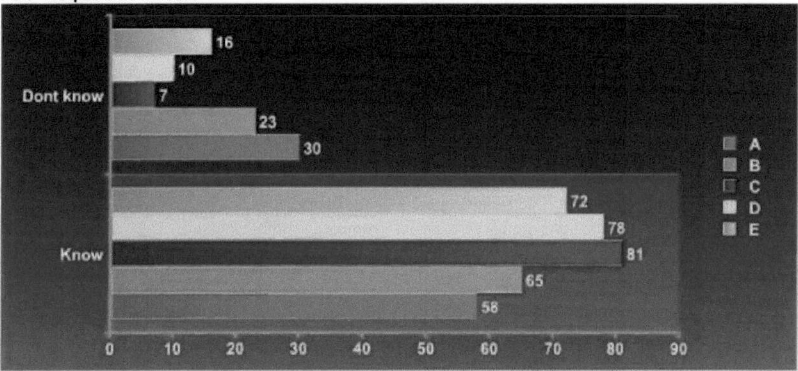

Figura.28- Gráfico mostrando as respostas da secção de perguntas de reconhecimento de silhueta.

Quanto aos resultados do reconhecimento da silhueta, isto pode ter desempenhado um papel vital na percepção do consumidor da escala de classificação dos prémios na secção anterior do questionário. Em geral, mais participantes reconheceram as silhuetas, sempre mais de 60%, os resultados podem ter sido diferentes se os participantes não tinham o conhecimento do produto. No entanto, este pode não ser o

como se alguns participantes afirmassem reconhecer a silhueta, a resposta nem sempre foi correcta. Isto salienta que podem ter interpretado mal o produto e podem ter dado uma classificação diferente se tivessem sabido o que o produto era na realidade.

Por exemplo (a) Chanel No.5, apenas 25 dos 58 participantes que declararam "conhecido" registaram a resposta correcta. Isto também é verdade para (e) Baileys Bottle com 72 participantes que afirmaram saber qual era a silhueta do produto, no entanto apenas 40 conseguiram obter a resposta correcta.

C hapter 7- Conclusões

O objectivo inicial desta investigação foi o de distinguir quaisquer métodos individuais que possam dar uma vantagem às marcas premium em relação às marcas de massa. Através da revisão da literatura actual disponível, foi estabelecido que embora as tecnologias de impressão e embalagem fossem conhecidas por muitos especialistas, não havia provas reais dos tipos de decorações e técnicas específicas utilizadas pelas marcas premium para lhes dar uma vantagem dentro do mercado de consumo.

Para compreender isto, a investigação dentro do mundo da concepção de embalagens é utilizada para obter uma visão das características consideradas inovações e dos pontos de vista dos consumidores sobre comparações directas de produtos premium e de mercado de massas. Os questionários basearam-se em perguntas de investigação e revelaram muitas ideias interessantes sobre o que os consumidores vêem primeiro.

Vestbom (2009) como investigador questionou o uso de produtos heróis dentro das marcas no mercado cosmético para ter um efeito tão grande, contudo, dentro do mercado alimentar, muitas vezes não há produtos heróis em que se possa confiar e por isso a fidelidade à marca é comprada dentro da equação. Ao contrário do mercado alimentar, o mercado dos cosméticos está muitas vezes a mudar devido ao envelhecimento dos consumidores e à opção por uma marca mais madura com diferentes reivindicações. Os produtos heróis também têm normalmente uma injecção de dinheiro adicional para desenvolvimento e fabrico, o que significa que muitas vezes os produtos são um desenho demasiado personalizado que se destaca do resto da gama. Dentro das fases de investigação desta investigação sobre qual a vantagem das embalagens premium em relação às marcas de massa, os participantes pegaram frequentemente numa vasta gama de diferentes técnicas de acabamento utilizadas pelos designers de embalagens e marcas. Klimchuk (2009) declarou que um vasto número de técnicas tem de se ligar para criar embalagens de sucesso, o que é emulado nas partes do ranking do questionário quando os consumidores, não especialistas, estavam conscientes do brilho e dos acabamentos mate das mangas de embalagem utilizadas no exterior das embalagens de caril, bolos Gu e Smoothies Inocentes.

Ao perguntar aos técnicos de embalagem sobre como lidar com os constrangimentos das embalagens premium, a principal preocupação era antes do fabrico: o técnico de embalagem teria de estabelecer contacto com os designers e gestores de marca para optimizar a embalagem em termos de viabilidade e em conformidade com as regras estabelecidas pelas Normas Comerciais. Estas regras consistem principalmente na sobre-embalagem e na utilização enganosa de embalagens. As questões de viabilidade são consideradas com uma ligação à fábrica, onde as linhas, a moldagem e as questões de embalagem seriam rectificadas durante uma série de visitas ao local e testes-piloto, tal como discutido por Stephenson (2007), onde a comunicação é a chave para o desenvolvimento do sucesso.

Em termos de inovações que as marcas premium utilizam, muito se deve à comercialização do produto. Tal como Roth (1990) discute, a imagem corporativa está sempre na vanguarda das marcas premium em termos de desenvolvimento de embalagens de produtos e fazendo com que essa gama específica se destaque ao longo do tempo. Isto é demonstrado pelo design icónico das garrafas de coque reconhecidas mundialmente pelos consumidores com a sua forma simples. Como esta é a primeira coisa que os consumidores vêem quando vêem o produto e a embalagem na prateleira, muitas das características tais como gravação em relevo, bloqueio de folhas e outros processos dispendiosos de impressão são um resultado directo de o consumidor ser atraído pelo produto como uma entidade e um todo. Para além desta comunicação inicial, Young (2004) sugere que dentro de um supermercado, o estatuto icónico é semelhante ao pó de ouro. Com fila após fila de embalagens quase idênticas, o único método de distinção entre marcas é o design da embalagem que acompanha o produto, também destacado e discutido por Giles (2001).

Em termos de inovação real dentro da embalagem, as técnicas e os detalhes são os verdadeiros vencedores ao darem aos produtos premium uma vantagem sobre produtos de massa semelhantes. Os resultados dos questionários dados aos técnicos de embalagem e aos consumidores, mostram que a apresentação do produto e da embalagem como um todo afectou o estatuto de prémio global do artigo. A consideração cuidadosa do layout, utilização de cores, principais pontos focais para imagens e texto desempenham os maiores papéis na garantia de um estatuto de prémio para um produto. Quando investigado, nenhuma das marcas de massa teve qualquer dos cuidados e considerações colocados no design da embalagem premium. O custo específico desempenha um papel importante no desenvolvimento de um produto e de uma embalagem. Fishel (2007) discute como as ferramentas e técnicas de acabamento especiais são o factor restritivo para as marcas de massa, um exemplo é que as marcas de massa normalmente optam por componentes padrão que requerem métodos de fabrico simples e de baixo custo. As marcas premium, por outro lado, optam por um desenho de forma mais destacado, que interessa ao utilizador valorizar mais o produto, criando uma ligação emocional simples mas eficaz ao produto.

Os consumidores podem reconhecer imediatamente os produtos premium através da utilização; com os produtos do mercado de massas, a embalagem é vista como apenas um método de protecção do produto, enquanto que as marcas premium utilizam laços psicológicos para tornar a experiência do utilizador mais agradável. Como Klimchuk (2006) discute, a experiência global agradável é o que torna a embalagem e os produtos de sucesso, com características tais como dobradiças no fecho compacto ou clique dentro do mecanismo de fecho. As marcas de massa não se podem permitir tais luxos devido ao custo e têm de fazer uso de componentes padrão. Acabamentos especiais como o bloqueio da folha e o envernizamento pontual criam um ar de luxo esteticamente e com respostas tácteis como mecanismos e acabamento com tinta brilhante, assim que um consumidor pega no produto, a venda está praticamente concluída.

Em geral, esta pesquisa é limitada em termos de tamanho da amostra e restringe-se a questionários e não a uma fonte primária directa, como entrevistas, o que pode ter resultado numa linha de interrogatório menos estruturada, bem como na perda de detalhes que poderiam ter sido extraídos do participante. No entanto, os resultados mostram um nível de consistência em termos de conformidade com a revisão bibliográfica em termos de tendências e traços. Os questionários recebidos pelos Técnicos de Embalagem estão sujeitos a um elevado nível de enviesamento, embora estejam cientes das técnicas utilizadas pelas marcas mais premium, o que evidencia os níveis de incoerências entre as opiniões dos participantes.

A fim de desenvolver embalagens consistentemente bem sucedidas dentro do mercado competitivo e de rápida evolução dos produtos alimentares e cosméticos, as marcas premium têm de se ligar aos consumidores a fim de manter um design de marca optimizado para os seus produtos.

Referências

AASS. (2005). *Grande Embalagem Britânica (Design).* Livro Índice. Milton Keynes, Reino Unido.

Baileys, (2010), *Baileys 500ml Irish Cream.* Disponível em: http://www.baileys.com/drinks-and-cocktails/get-toget-togethers/ [Acesso: 1 de Março de 2010].

Boylton, Scott. (2009). *Desenho de Embalagens Sustentáveis.* Laurence King, Birmingham.

Calver, Giles. (2007). *O que é Packaging Design.* Rotovision, Londres.

Coca Cola. (2007), *garrafa de 330ml de Coca Cola.* Disponível em: http://retaildesigndiva.blogs.com/retail design diva/images/coke2.jpg [Acesso: 6 de Março de 2010].

Campos, Christian. (2010). *Embalagem Promocional e Design: Conceitos, Dobras e Modelos.* Promotora de Prensa International S A (Promopress), Barcelona.

Dior. (2010), *eyeliner de batom e conjunto de presentes.* Disponível em: http://beauty.dior.com/uk/en/base.html#/en/woman/makeup/woman-makeup-accessories/woman-makup-accessories-set-brush/ [Acesso: 5 de Março de 2010]

Ellicott, Candace. (2010). *Essenciais de embalagem: 100 Princípios de design para a Criação de Embalagens.* Rockport Publishers, Londres.

Fishel, Catharine. (2007). *O pequeno livro de grandes ideias de embalagem.* Rockport Publishers Inc, Birmingham.

Foster, John. (2008). *À venda para venda: 200 designs de embalagens inovadoras.* How Books, Nottingham, Uk.

Garrofe, Josep M. (2005). *Structural Packaging,* 2ª ed. Index book, S.L. , Barcelona.

Giles, Geoff A. (2001). *Design e Tecnologia de Decoração de Embalagens para o Mercado de Consumo (Sheffield Packaging Technology).* WileyBlackwell, Sheffield.

Grip, Design. (2008). *1000 Packaging Designs,* Rockport Publishers, Reino Unido.

Essências Herbais. (2009). *Fresh Balance.* Disponível em: http://www.herbal- essences.co.uk/collections/Fresh Balance/default.php?id=100006 [Acesso: 6 de Março de 2010].

Herriott, Luke. (2010). *A embalagem e o design TEMPLATES 2 sourcebook.* Rotovision, Londres, Reino Unido.

Hosea, Brett. (1996). *Emoções em Embalagens.* Rotovision, Londres, Reino Unido.

IAG (2006), *Operações Sustentáveis.* Disponível em: http://www.iag.com.au/sustainable/reports/2006/policies.shtml [Acesso: 20 de Março de 2010].

Kiernan, Jonathon. (1988). *As Directrizes de Embalagem.* United Company, Reino Unido.

Kirkpatrick, Janice. (2009). *Novo desenho de embalagem.* Laurence King, Inglaterra.

Klimchuk, Marianne R. (2006) *Packaging Design: Branding de produto bem sucedido do conceito à prateleira.* John Wiley & Sons, Londres, Reino Unido.

Lanten, Robert. (2009). *Embalado e etiquetado: Novas Abordagens ao Design de Embalagens.* Die Gestalten Verlag, Alemanha.

Maxwell, J. (1996). *Qualitative Research Design, An interactive approach.* SAGE Productions, Inc, Califórnia.

Pacey, E. (2009). *Notícias em profundidade. Semana do design.* Novembro de 2009, pp. 7

Imprensa, Gingko. (2008). *Simplesmente Embalagem.* Viction Design Workshop, Okinawa, Japão.

Reciclar agora. (2010). *Razões para Reciclar.* Disponível em: http://www.recyclenow.com/why reciclagem matérias/porquê matérias/index.html [Acedido a 27 de Março de 2010].

Roth, Laszlo. (1981). *Desenho da embalagem.* Prentice-Hall, Inc, New Jersey.

Roth, Laszlo. (1990). *Packaging Design an Introduction.* Van Nostrand Reinhold, Nova Iorque.

Rotovision. (2007). *A Bíblia de Embalagem do Designer: Criando Soluções para Desenho Excepcional.* Rotovision ilustrado, Londres.

Sapsford, Roger. (1998). *Recolha e Análise de Dados.* SAGE Productions Ltd, Londres.

Stephenson, Keith. (2007). *Embalagem: Design Embalagem de sucesso para grupos específicos de consumidores.* Rotovision, Londres, Reino Unido.

Vestbom. (2009). *Embalagens de beleza.* Dezembro de 2009, pp. 18-25

Wikipédia. (2010). *Embalagem.* Disponível em: http://en.wikipedia.org/wiki/Packaging [Acesso: 23 de Março].

Young, S. (2004). *Quebrando as Barreiras à Inovação da Embalagem.* Design Management Review, Inverno 2004, pp. 68-73.

Young, S. (2009). *Medindo o Sucesso: Utilizar a Pesquisa de Consumo para Documentar o Valor do Design de Embalagens.* Design Management Review, Primavera de 2006, pp. 60-65.

Apêndices

Anexo 1: Questionário Técnico de Embalagem

Questionário de Relatório de Embalagem de Cosméticos - Técnicos de Embalagem

O meu nome é Raymond Li e estou a estudar para uma licenciatura em Design e Tecnologia Industrial na Universidade de Loughborough.
O objectivo deste questionário é fornecer informações para um relatório final de ano sobre Alimentação, e como especialistas nesta área a sua resposta é importante para ganhar

uma compreensão das técnicas mais eficazes para emular a sensação de um produto Premium. Toda a informação obtida a partir deste questionário permanecerá confidencial. Os dados pessoais só serão retidos para efeitos de quaisquer potenciais perguntas de seguimento e serão destruídos após o envio.

1) Detalhes	
Nome:	
Ocupação:	
E-mail:	

2) Considera a embalagem de um produto (manga, cartão, etc.) como influente na decisão de compra de um consumidor?	
1 Mais Influentes	
2	
3 Média	
4	
5 Não Influente	
3) Que características influenciam mais os consumidores quando compram um produto? *(sendo o Rank 1 o mais influente, sendo o 4 o menos influente)*	

Custo	
Reputação da marca	
Desenho de embalagens	
Reclamações de Produtos (I.e. tecnologia, etc.)	

4) Dê o nome de uma embalagem que considere Premium e explique porquê. *(Desenho de cartão, decoração, texturas, etc.)*

5) Que factores considera mais importantes para a embalagem do produto?										
	1 Muito Importante	2	3	4	5 Considerado	6	7	8	9	10 Não Importante
Cor										
Tamanho										
Decoração (bloqueio de folhas, etc.)										
Informação na embalagem										
Reciclagem Imóveis										
Desenho da embalagem (Forma, etc.)										
Segunda Utilização de Embalagem (como contentor, etc.)										

6) Classifique em ordem as características que lhe parecem fazer as embalagens no Cosmetics Premium *(1 sendo a mais premium, 7 sendo a menos premium)*	
Desenho de caixas de cartão (forma)	
Acabamento especial (brilho, toque suave, folha de alumínio, etc)	
Forma da embalagem	

Cor da embalagem global (cartão, produto como um todo)	
Peso da embalagem	
Utilização de material (vidro, etc.)	
Branding (logótipo, imagens, etc.)	

7) Quais são as 3 principais restrições que afectam os Técnicos de Embalagem, durante a concepção e desenvolvimento da embalagem?

8) Quais são, na sua opinião, as características de design mais Premium sobre a Marca abaixo?

9) Quais são, na sua opinião, as características de design mais Premium sobre a Marca abaixo?

10) Classifique os dois abaixo por ordem do que considera mais Premium *(1 sendo mais Premium, 2 sendo menos Premium)*	
Esquerda	
Certo	

11) Que características influenciaram a sua decisão na pergunta anterior? *(Indique, por favor)*

12) Classifique os dois abaixo por ordem do que considera mais Premium *(1 sendo mais Premium, 2 sendo menos Premium)*	
Esquerda	
Certo	

13) Que características influenciaram a sua decisão na pergunta anterior? *(Indique, por favor)*

14) Classificar as cinco formas abaixo numa escala de 1-10 *(1 sendo muito Premium, 10 não sendo Premium)*

a) b) c)

d) e)

	1 Muito Premium	2	3	4	5 Média	6	7	8	9	10 Não Premium
a)										
b)										
c)										
d)										
e)										

15) Tente identificar as 5 formas abaixo em termos de que produtos são.

a) b) c)

	Saiba	Não sei	Se for conhecido, por favor indique o produto
a)			
b)			

d) e)

c)			
d)			
e)			

16) Muito obrigado por preencher o meu Questionário.

O vosso tempo passado irá beneficiar-me muito e agradeço a vossa participação.

Se tiver algum comentário sobre este inquérito, sinta-se à vontade para o colocar na caixa de texto abaixo.

Mais uma vez, obrigado.

Raymond

2:
Consumido
r
Questionn
aire

Questionário sobre embalagens de produtos alimentares e cosméticos - Consumidores

O meu nome é Raymond Li e estou a estudar para uma licenciatura em Design e Tecnologia Industrial na Universidade de Loughborough.

O objectivo deste questionário é fornecer informações para um relatório final de ano sobre Alimentos e Cosméticos, e como consumidores a sua resposta é importante para ganhar
uma compreensão das técnicas mais eficazes para emular a sensação de um produto Premium.

Toda a informação obtida a partir deste questionário permanecerá confidencial.

Os dados pessoais só serão retidos para efeitos de quaisquer potenciais perguntas de seguimento e
serão destruídos após a submissão.

1) Detalhes	
Nome:	
Ocupação:	
E-mail:	

2) Considera que a embalagem de um produto (manga, cartão, etc.) é influente na sua decisão de compra?	
1 Mais Influentes	
2	
3 Média	
4	
5 Não Influente	

3) Quais as características que mais o influenciam quando compra um produto? *(sendo o Rank 1 o mais influente, sendo o 4 o menos influente)*	
Custo	_
Reputação da marca	_
Desenho de embalagens	_
Reclamações de Produtos (I.e. tecnologia, etc.)	_

4) Dê o nome de uma embalagem que considere Premium e explique porquê.
(Desenho de cartão, decoração, texturas, etc.)

5) Quais são os factores que se considera quando se pega num produto com embalagem.

	1 Muito Importante	2	3	4	5 Considerado	6	7	8	9	10 Não Importante
Cor										
Tamanho										
Decoração (bloqueio de folhas, etc.)										
Informação na embalagem										
Reciclagem Imóveis										
Desenho da embalagem (Forma, etc.)										

Segunda Utilização de Embalagem (como contentor, etc.)									

6) Classifique os cinco abaixo na ordem de 1-5 o que considera mais Premium *(1 sendo mais Premium, 5 sendo menos Premium)*

(a) *(b)* *(c)*
(d) *(e)*

a)	—
b)	—
c)	—
d)	—
e)	—

7) Classifique os dois abaixo por ordem do que considera mais Premium *(1 sendo mais Premium, 2 sendo menos Premium)*

Esquerda	—

Certo

8) Que características influenciaram a sua decisão na pergunta anterior? *(Indique, por favor)*

9) Classifique os dois abaixo por ordem do que considera mais Premium *(1 sendo mais Premium, 2 sendo menos Premium)*	
Esquerda	_
Certo	_

10) Que características influenciaram a sua decisão na pergunta anterior? *(Indique, por favor)*

11) Classifique os dois abaixo por ordem do que considera mais Premium *(1 sendo mais Premium, 2 sendo menos Premium)*	
Esquerda	_

Certo	

12) Que características influenciaram a sua decisão na pergunta anterior? *(Indique, por favor)*

13) Qual acha que é a característica de design mais Premium sobre a Marca abaixo? *(Se possível, por favor indique mais do que uma característica).*

14) Qual acha que é a característica de design mais Premium sobre a Marca abaixo? *(Se possível, por favor indique mais do que uma característica).*

15) Classifique os dois abaixo por ordem do que considera mais Premium *(1 sendo mais Premium, 2 sendo menos Premium)*

Esquerda	
Certo	

16) Que características influenciaram a sua decisão na pergunta anterior? *(Indique, por favor)*

17) Classificar as cinco formas abaixo numa escala de 1-10 *(1 sendo muito Premium, 10 não sendo Premium)*

(a) *(b)* *(c)*
(d) *(e)*

	1 Muito Premium	2	3	4	5 Média	6	7	8	9	10 Não Premium
a)										
b)										
c)										
d)										
e)										

18) Tente identificar as 5 formas abaixo em termos de que produtos são.

^J (b) (c)

(d) (e)

	Saiba	Não sei	Se for conhecido, por favor indique o produto
a)			
b)			
c)			
d)			

e)			

19) Muito obrigado por preencher o meu Questionário. O vosso tempo passado irá beneficiar-me muito e agradeço a vossa participação. Se tiver algum comentário sobre este inquérito, sinta-se à vontade para o colocar na caixa de texto abaixo.   Mais uma vez, obrigado.

Printed by Books on Demand GmbH, Norderstedt / Germany